30秒
看世界

30秒认识达·芬奇

[英] 保罗·哈里森 著
[英] 汤姆·伍利 绘
[英] 玛丽·格里菲思 顾问
由旭然 译

中信出版集团 | 北京

图书在版编目（CIP）数据

30 秒认识达·芬奇 /（英）保罗·哈里森著；由旭然译 . -- 北京：中信出版社，2019.7

（30 秒看世界）

书名原文：Da Vinci in 30 Seconds

ISBN 978-7-5217-0732-8

I. ① 3… II. ①保… ②由… III. ①达·芬奇（Leonardo, da Vinci 1452-1519）－生平事迹－少儿读物 IV. ① K835.465.72-49

中国版本图书馆 CIP 数据核字（2019）第 116917 号

30秒认识达·芬奇

著　　者：[英] 保罗·哈里森

译　　者：由旭然

出版发行：中信出版集团股份有限公司

（北京市朝阳区惠新东街甲 4 号富盛大厦 2 座　邮编　100029）

承 印 者：北京利丰雅高长城印刷有限公司

开　　本：787mm × 1092mm　1/16　　印　　张：5　　字　　数：60 千字

版　　次：2019 年 7 月第 1 版　　印　　次：2019 年 7 月第 1 次印刷

京权图字：01－2018－7505　　广告经营许可证：京朝工商广字第 8087 号

审 图 号：GS（2018）5921 号

书　　号：ISBN 978－7－5217－0732－8

定　　价：460.00 元（全 20 册）

图书策划：见识城邦

策划编辑：肖雪　程时音　　责任编辑：卢建勇　曲沛然　于贺

营销编辑：杨璞　　装帧设计：象上设计

责任印制：刘新蓉

30秒认识达·芬奇

目录

序

60秒介绍

列奥纳多·达·芬奇（1452—1519）是一个全面的天才。他有许多成就，比如创作了世界上最有名的画《蒙娜丽莎》，发明过飞行器，主持过城市规划，设计过建筑，绘制过地图，创造过乐器，精于地理学和人体解剖学，等等。

达·芬奇生于15世纪文艺复兴时期的意大利。文艺复兴，字面意思是“重生”。这一时期，欧洲人重新探索了古希腊、古罗马的文化，并以此为基础迅速发展了当时的艺术、哲学和科学。文艺复兴运动始于意大利并扩散至整个欧洲，其间出现了很多伟大的人物，比如达·芬奇，还有很多项伟大的发明，比如谷登堡印刷术。

但是，文艺复兴时期也是一个动荡的时期。当时的意大利还没有统一，很多贵族势力针锋相对，互相争夺权力和扩张影响力。尽管如此，艺术发展却一片繁荣，像达·芬奇这样的艺术家享受着贵族们的保护和支持。

不幸的是，达·芬奇虽然很高产，但他的作品只有一少部分留传到了今天。不过，通过他的大量笔记，我们可以了解他的想法和创意。达·芬奇的笔记上面有他的机器设计图、各种发明以及绘画作品的草稿。他把所有事情都记到了笔记本上——哪怕是购物清单！

这本书将带你探索达·芬奇的作品和思想，每一章都会带你从不同的角度了解这个令人着迷的人，告诉你他都想了什么、做了什么和创造了什么。

每个话题都由三部分组成：30秒就能读完的内容、3秒的总结和3分钟的实践任务（在这里你会被要求画一幅画，甚至制作一台自力推进车）。

那么，聪明的你，请加入我们的旅程，一起了解这个历史上最有创造力的天才吧！

他和他的时代

达·芬奇可以说是一个生活在不同寻常的年代的不同寻常的人。他出生于艺术和科学爆炸的文艺复兴时期，通过他的天资，实现了从一文不名到历史上著名的艺术家的转变。接下来我们会看到他是如何从一名学徒变成当时最显赫家族的雇用画家，并在艺术史上留名的。

童年时光

30秒大揭秘

达·芬奇1452年4月15日出生在意大利佛罗伦萨附近的芬奇镇。虽然我们称他为列奥纳多·达·芬奇，但他的全名实际上是Leonardo di ser Piero da Vinci，意思是来自芬奇镇的皮埃尔的儿子，列奥纳多。

达·芬奇的爸爸皮埃尔是一名律师，妈妈卡特琳娜是农民的女儿。因为他的爸爸妈妈没有正式结婚，所以达·芬奇作为私生子不能上大学，也不能进入一些特定的工作领域。

我们对于达·芬奇的童年时光知之甚少。在他很小的时候，他的爸爸娶了一位名叫阿尔比埃拉的女子。我们猜测，达·芬奇一开始与卡特琳娜生活在一起，后来又被父亲和继母照顾。他所受的教育很有限，经常自己玩耍，这激发了他天生的好奇心。

在他14岁的时候，他的父亲给他找了一份学徒的工作，跟随一个非常有名的画家——安德烈亚·德尔·韦罗基奥——学习画画。在这里，他学会了绘画的基本技法，成为一名画家，后来加入行业公会（工匠联盟）。

3秒钟总结

达·芬奇的童年很普通，14岁成为艺术学徒。

小知识

达·芬奇的第一幅画

一开始加入韦罗基奥的艺术作坊时，达·芬奇负责帮助老师混合颜料并准备画布。他参与绘画的第一幅作品是韦罗基奥的《基督受洗》。他画了一个小天使。传说，韦罗基奥对达·芬奇的作品惊叹不已，进而对自己的水平感到羞愧，于是决定不再画画。

达·芬奇14岁的时候，成了著名画家韦罗基奥的学徒

学徒们学习了很多绘画技巧，包括如何绘制人物肖像画

韦罗基奥的艺术作坊为客户们提供艺术作品

当学徒们的水平达到要求后，他们会帮助老师完成客户要求的绘画

我们了解的达·芬奇参与的第一幅作品，是韦罗基奥的《基督受洗》

交战中的城邦

30秒大揭秘

1482年，达·芬奇离开了韦罗基奥的艺术作坊，移居到北部城邦米兰，为公爵卢多维科·斯福尔扎工作。他委托达·芬奇制造一个大型铜马像（参见28页）。

达·芬奇在一年之前就给卢多维科写信，希望可以获得一份工作。一开始他希望成为一名军事工程师（参见34页），后来才申请当画师和雕塑师，因为在那个动乱的年代，达·芬奇认为当一个军事工程师比当一名画家更有用处。

动荡之所以产生，是因为当时意大利不是一个统一的国家，国家由不同的城邦组成，每一个城邦又有着不同的法律和统治者，城邦之间还经常打仗。所以说，虽然达·芬奇这样的天才在那个时代有很多机遇，但他的生活还是被危险笼罩着，急需权贵的庇护。

因此，达·芬奇一生主要生活在米兰和佛罗伦萨。在米兰，斯福尔扎家族雇用了达·芬奇近20年；而在佛罗伦萨（富有的米兰的死对头），掌权的美第奇家族愿意花重金聘用像达·芬奇这样的天才。

3秒钟总结

那是一个动荡的年代，所以艺术家们需要贵族的支持。

小知识

达·芬奇的个人简历

达·芬奇在一封写给未来雇主——卢多维科·斯福尔扎的信件里，称自己为军事机械的发明家：

“……我将制造坚不可催、自带火力的装甲车，它们将突破敌军的炮火，消灭最强大的军队。步兵可以紧随其后，勇往直前、不受阻碍、免于伤亡。”

意大利由许多城邦组成，城邦饱受外部的入侵和内部的争战之苦
威尼斯
米兰
费拉拉
摩德纳
热那亚
北部的城邦当时正受到法国的威胁
圣马力诺
佛罗伦萨
锡耶纳
科西嘉岛
教皇国
罗马
那不勒斯王国
教皇国的首都在罗马
撒丁王国
西西里和撒丁受控于西班牙王室
西西里

独创型思想家

30秒大揭秘

和在艺术作坊里学习的其他艺术家一样，达·芬奇在老师韦罗基奥这里也学会了许多不同的绘画手法。但这满足不了达·芬奇对于艺术和世界的好奇心。他用科学的方法观察和研究周围的世界，不断探索“为什么”。

这种探索有时会让他形成很超前的思想。他花了很多时间研究水的运动规律，得出的结论却是《圣经》中挪亚方舟和大洪水的故事是不可能发生的。

但这种思想会给达·芬奇带来麻烦。因为天主教会委托达·芬奇画一些宗教题材，而教会是不会同意达·芬奇的这种思想的。质疑《圣经》和教会教义可能会令他进监狱，甚至上断头台！所以达·芬奇从不跟别人讲述这些想法，只是自己偷偷记在日记里。

达·芬奇的思想和同时代的人非常不一样，被称作异端思想，他的大部分观点并不被当时的社会接受。

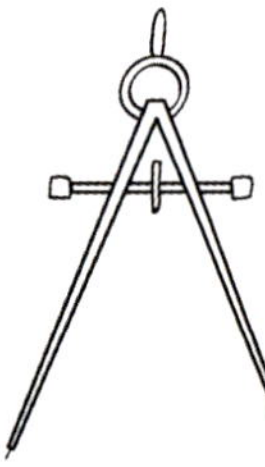

3秒钟总结

达·芬奇不惧怕和别人不同。

小知识

达·芬奇是素食主义者吗？

虽然有证据表明达·芬奇拒绝吃肉，但我们也不清楚这是不是真的。不过，从他的笔记里我们可以看出，他对于动物的看法不同于其他人。比如说，他认为人们不应该为了杀掉动物而饲养它们。作为一个早期的动物保护主义者，他还把鸟从市场买回来放生。

达·芬奇的一些想法和行为在当时人们的眼里是古怪且反常的

他质疑《圣经》中大洪水故事的真实性

他是左撇子。在那个时代，人们认为左撇子是不可信的

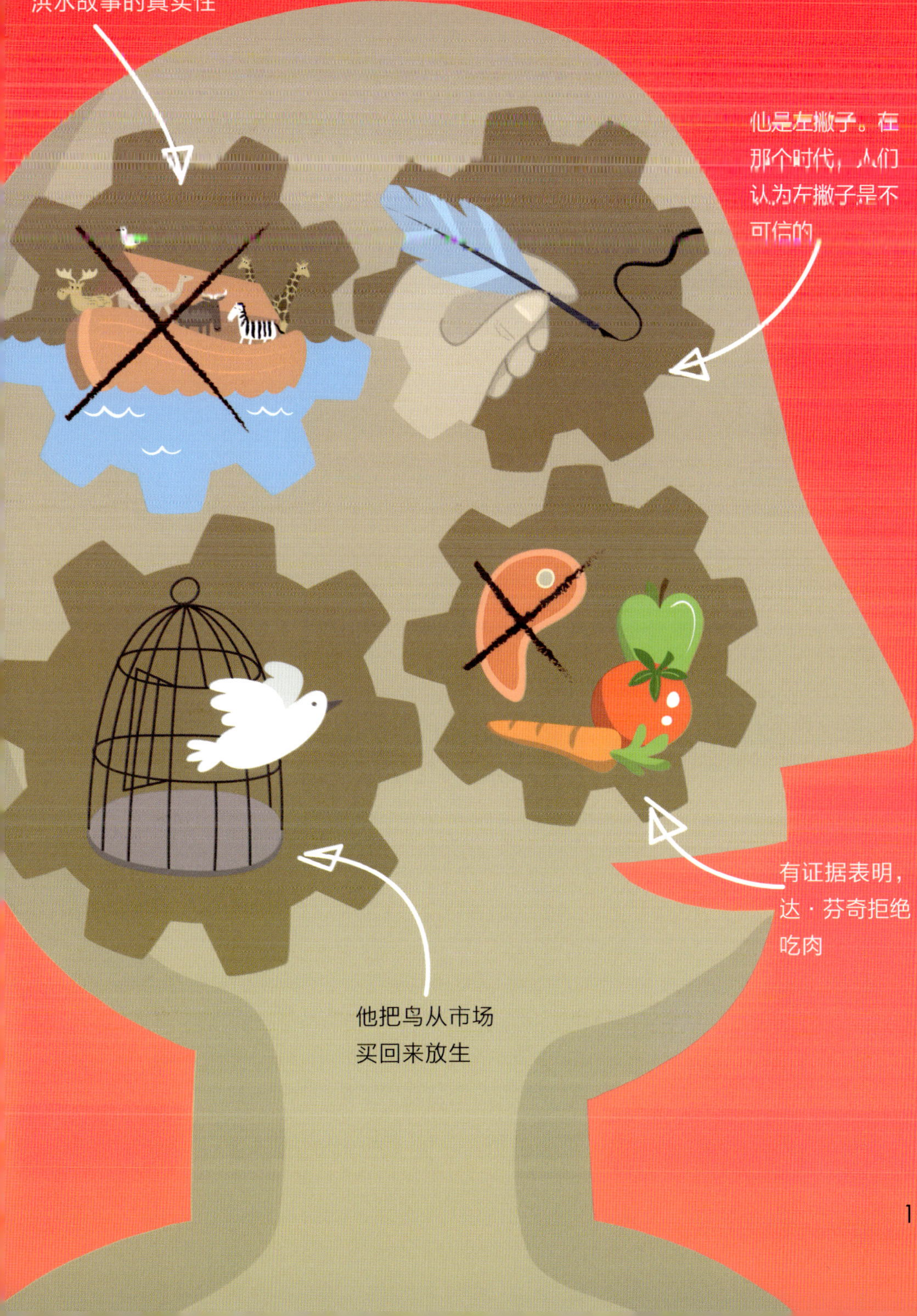

他把鸟从市场买回来放生

有证据表明，达·芬奇拒绝吃肉

达·芬奇的笔记本

30秒大揭秘

达·芬奇从一开始就努力成为一个画家，我们都知道他成功了，并且远不只是一个画家。他热衷于记笔记，在职业生涯里写了一页又一页的笔记，记录各种奇思妙想，还画了很多素描。出乎我们的意料，大量笔记都被保存了下来，我们借此可以深入了解这个天才脑袋里都想了些什么。

达·芬奇的笔记本体现出他工作范围的广泛。里面许许多多的素描和设计稿展示了他在解剖、自然、建筑、科学和数学方面的知识。他甚至在里面记下了购物清单和绘画用品清单！

另一个引人注意的地方是达·芬奇的字迹。他的笔记都是用意大利语写的，当时的学生在学校都学习拉丁语，由此可以看出他并没有上过学。不仅如此，他的字都是反着的——从右到左而不是正常的从左到右。他这样做是想对自己的想法保密吗？还是说，因为他是左撇子，用羽毛笔和墨水这样书写会更容易一点儿？我们不得而知。

这些笔记大多数都是达·芬奇去世后由后人汇集起来的零散页面。现在，这些笔记本都在博物馆或者私人收藏者手里。它们帮助我们进一步了解达·芬奇。

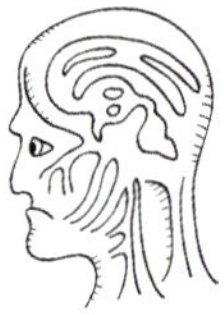

3秒钟总结

我们对于达·芬奇的了解很多都来自他的笔记本。

3分钟任务

镜像书写

从纸的右侧开始，向左侧写字，使你的文字与正常的相反。然后把一面镜子立在纸的左侧边缘，镜子里看到的字就是正常的了。

达·芬奇写的字都是反着（从右往左）的。你可以把本页对着镜子阅读

在1 000多页的笔记里，我们可以看到达·芬奇对于很多事情都很感兴趣

笔记本展现了他对于工程和建筑学的热情

他把他的发明（比如螺旋千斤顶）都画在笔记本里

他研究并刻画人体结构

三心二意的达·芬奇

30秒大揭秘

达·芬奇声名鹊起，成为一名炙手可热的画师。

富人们都来找达·芬奇画画，他也从不推脱。不过有些奇怪的是，他的画作却很少留存到今天——他活到67岁，而且直到去世前都在工作！他的画作并非弄丢了，而是因为达·芬奇不擅长把已经开始的工作完成。

达·芬奇创作了很多画，但其中只有极少的一部分完成了。这听起来像是懒惰之举，但事实并非如此：达·芬奇花了大量的时间在工作上。举个例子，直到去世前，他都在完善他那幅最著名的画作——《蒙娜丽莎》。

可能是达·芬奇害怕完成一幅作品吧。一些艺术史学家认为，达·芬奇完美主义的性格使得他担心作品与他脑中构想的不一样；另外一些人认为，达·芬奇容易分心，他的思维总是从一个想法蹦到另一个想法。不管哪个说法是真的，令人遗憾的结局就是我们无法看到很多达·芬奇的作品了。

3秒钟总结

达·芬奇不擅长完成他的画作。

3分钟任务

脑力挑战

我们的大脑并不擅长同时处理三件不同的事情。尝试左手画圆、右手画方，再找人来考考你单词拼写——就连达·芬奇都觉得这个事情很难！怪不得他难以完成那么多不同的任务。

虽然达·芬奇的脑袋里总有很多想法，但他却难以完成他的工作

星期一：给佛罗伦萨议会厅的《安吉里之战》画初稿

星期二：给《最后的晚餐》发明新的壁画技巧

星期三：今天早上看到了一个奇怪的人，我要把他画下来

星期四：继续完成《蒙娜丽莎》

星期五：去大自然采集花朵，拿回来复制在《岩间圣母》里

星期六：找到一个制作世界上最大的马雕塑的方法

星期日：我的滑翔机造出来后，找个志愿者试试

画家

众所周知，达·芬奇的《蒙娜丽莎》是世界上最有名，也最有价值的画作。这位天才画家发明了新的绘画方法，这使得他的作品看起来比同时代的任何其他作品都真实。他不仅仅是一个画家，他还擅长雕塑和在作品里隐藏秘密！

油画

30秒大揭秘

人们欣赏达·芬奇画作的时候，总会惊叹于画作的真实性。这比他们之前看过的所有画都更逼真！这要归功于达·芬奇独特的创作技法和颜料。

达·芬奇是第一个把颜料和油混合在一起的画家。在他之前，画家们把鸡蛋清和颜料混合，这种画法被称作蛋彩画法。蛋彩颜料干得非常快，所以画家得按着既定的构想快速创作。达·芬奇使用的油画颜料干得非常慢，他就有更多的时间来创作，并且可以根据他的想法一边画，一边修改。

达·芬奇喜欢层层叠加颜料：他把近乎透明的上光油料画在其他图层上。随着颜色一层层叠加，整幅油画的颜色也在慢慢改变。最后的成果往往令人惊叹：颜色精致得仿佛在发光！不过，这个过程需要很久才能完成，因为每一层颜料干透都需要等待很长一段时间。这种叠加色彩的绘画技巧让达·芬奇的画作色彩饱满、与众不同。

达·芬奇也使用其他技巧，其中之一就是晕涂法。他没有用实线勾勒轮廓，而是用阴影和细致的笔触制造出一种柔和到几乎看不见的分界线，从而缓缓过渡到不同的颜色。

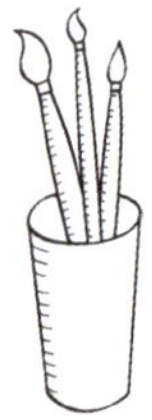

3秒钟总结

达·芬奇发明了新的绘画方法。

3分钟任务

制作颜料

你需要：1.5杯水、1杯面粉、1杯盐和食用色素

注意：不要把食用色素弄到衣服上！

步骤：把原料混合在一起，放到不同的容器里。在每个容器里加入适量的食用色素。现在，尝试把油滴进颜料里，看看颜料发生了什么变化。

达·芬奇自制颜料，并将其层层叠加
画作底层是棕色薄层
一点点加上浅一点儿的颜色
用同一种颜色的不同色调来展现真实的阴影
他用油、植物、岩石，甚至昆虫制作颜料

透视、光线和颜色

30秒大揭秘

达·芬奇花费很多时间观察周围的环境、素描或者记笔记。他想最大限度地在画作里重现真实世界。他最大的挑战是如何把三维世界变成纸上的二维（平面）世界。为了实现这个目标，他使用了不同的绘画技巧，其中之一就是透视。

光影和颜色对于达·芬奇来说也十分重要。他会花上很长时间仔细观察阴影的构成和特点，然后细细描绘衣服褶皱，尽量让它们看起来贴近现实。通过正确的光影关系，他甚至可以展现材质的质量。他作品中的光影关系和色彩光泽，远远超越同时代的其他画家。

他还通过精妙的小技巧在作品中体现景深。通过在前景中使用深一点儿的颜色，在背景使用偏蓝的颜色，来让背景看起来离我们更远、更真实和更有空间感。这种方法在当时是独一无二的。

3秒钟总结

透视、阴影和颜色让他的作品充满立体感。

3分钟任务

练习透视绘画

在一张纸上画一道水平直线。这就是地平线，是天空和大地的交界线。取这条线的中点，作为消失点，进行绘画。你画的东西离消失点越远，就越大；离消失点越近，就越小。

达·芬奇特殊的
技巧让他的作品
富有立体感

较远的物体细节更少，颜色也更加柔和

《蒙娜丽莎》

30秒大揭秘

达·芬奇创作了世界上最有名的画作——《蒙娜丽莎》。这是一幅女性的肖像画，可奇怪的是，没有人知道她是谁。市面上流传着很多种说法，有的说是达·芬奇穿着女装的自画像！不过，最可信的答案是，这是一名名叫莉萨·格拉迪尼的女子，是丝绸商人弗朗西斯科的妻子。

另一个疑点则是这幅画好像一直都没有被画完。和其他未完成的画作不同，达·芬奇去世前一直都在不断完善这幅画作。不言而喻，这幅画对他意义重大，可惜我们不知道为什么。不过我们知道，画中女子神秘的“似笑非笑”几百年来让无数人着迷。

《蒙娜丽莎》现在被收藏在巴黎卢浮宫。据称，每年有大约600万人去看她的笑容。为了保护这幅名画的安全，《蒙娜丽莎》被防弹玻璃严严实实地罩上了。

3秒钟总结

《蒙娜丽莎》是世界上最有名的画作，但我们不知道她的原型是谁。

小知识

偷窃！

1911年8月21日，《蒙娜丽莎》被一名乔装打扮的窃贼从卢浮宫偷走。那名窃贼——文森佐·佩鲁贾，把画作藏在罩衫里，然后大摇大摆地走出了卢浮宫。这幅画两年后才被找到，重新回到了卢浮宫。

她是谁？

有人说，这位神秘女子的名字是莉萨 格拉迪尼

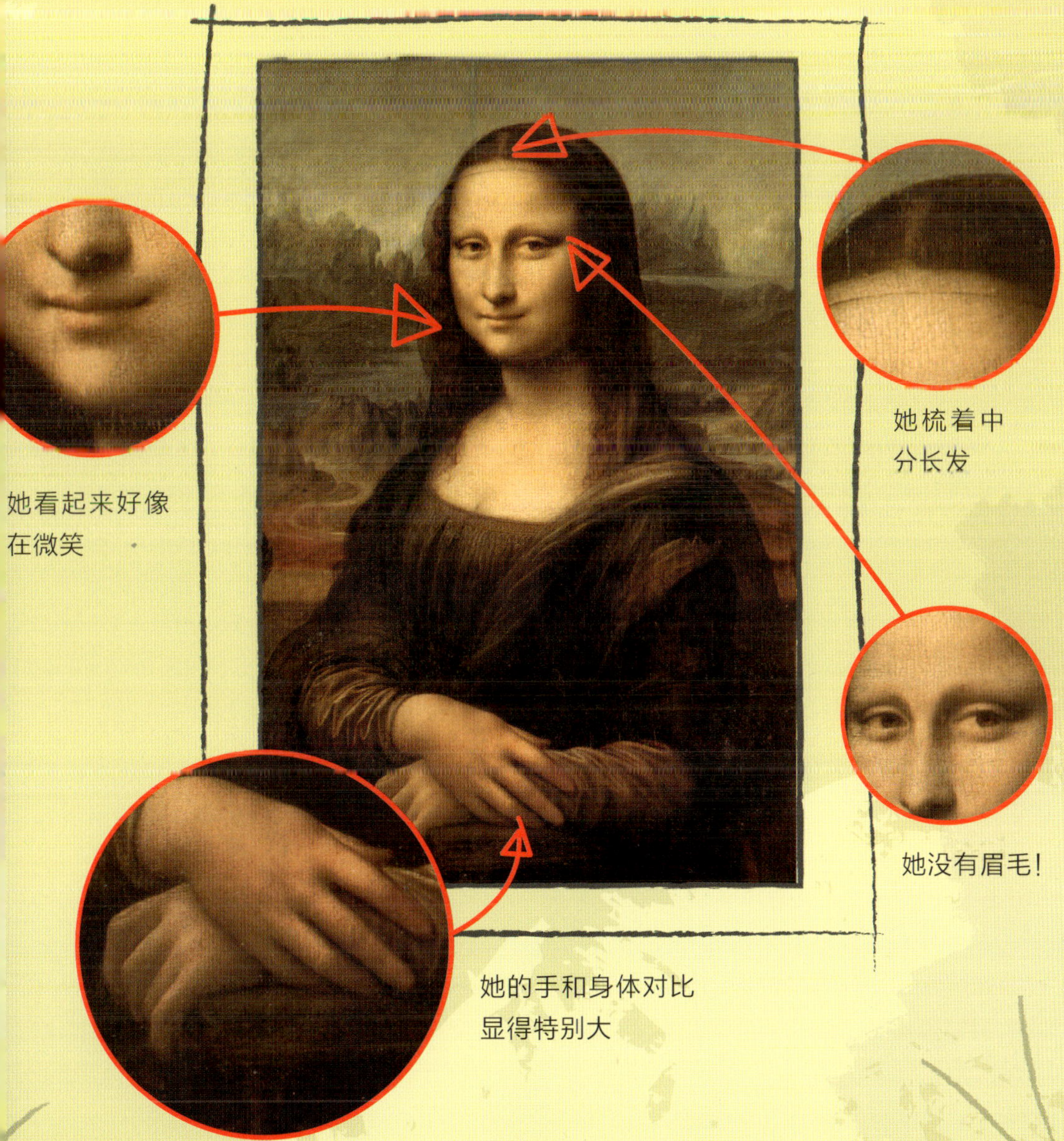

象征和秘密

30秒大揭秘

达·芬奇在他的作品里藏了很多秘密信息和象征符号。在那个年代，人们都能看懂达·芬奇画中大部分的象征符号。比如，在他著名画作《岩间圣母》的左下角，他画了一朵圣诞星，也叫作三色堇，是纯洁的象征。因为人们常常把圣母马利亚与纯洁的品质联系到一起。

达·芬奇的作品——《最后的晚餐》展示了耶稣和他的12个门徒坐在桌前的场景。门徒们三人一组，画作中有三扇窗户，代表着圣父、圣子、圣灵三位一体。撒了的盐意味着厄运：在画作里，盐撒在了犹大——那个背叛了耶稣的门徒面前。

令人遗憾的是，我们并不知道达·芬奇画作里所有象征符号的意义。比如，他经常把人的手画成奇怪的姿势，向天空指去。这在达·芬奇很多画作里都出现过，所以应该有特殊的意义。一个猜测是，画作里的人物是在指着天堂的方向，也可能是因为达·芬奇认为这样更有戏剧性！

3秒钟总结

达·芬奇的画作包含了很多象征符号和隐藏的信息。

3分钟任务

自制隐藏信息

像达·芬奇一样制作你的密码。用不同的符号代表不同的字母，比如用三角形（△）代表字母A，蜜蜂（bee）代表字母B。写一段秘密信息给你的朋友吧！看看他们能不能看懂你写的是什么。你可以给他们一两个小提示，帮助他们破解密码。

达·芬奇在画作里使用很多象征符号，这里是一些植物符号和它们的含义

胜利——棕榈树从公元前开始就被用作胜利的象征物

纯洁——白合经常出现在有圣母马利亚的画作中

复活——虾蟆花经常长在墓地里

圣灵——耧斗菜形似鸽子，是圣灵的象征

爱情——仙客来有心形的叶子

雕塑

30秒大揭秘

作为一个文艺复兴时期的艺术家，达·芬奇在艺术领域涉猎很广。他跟随老师韦罗基奥在佛罗伦萨学习的时候，学到了一些雕塑的基本手法。之后，他接到了一个制作雕塑的任务，他的才华也有了用武之地。

米兰公爵——卢多维科·斯福尔扎，雇用达·芬奇制作一个铜马雕塑。这匹铜制马有7米高，比当时所有的骏马雕塑都要高。达·芬奇花了很多年绘制草图，并在1490年用黏土做了一个原尺寸的模型，这在当时引起了轰动。

可惜的是，这个雕塑并没有完成。达·芬奇转而去完成其他的任务，一直都没有准备好铜来制作雕塑。1494年，米兰和法国开战，铜被限制使用，集中起来制作大炮。达·芬奇的雕塑无法完成，进攻的法国军队甚至把他的黏土模型用作射箭练习的靶子。后人根据草图，制作了雕塑的铸件，现在米兰展示。

3秒钟总结

达·芬奇设计了铜马雕塑，但只完成了黏土模型。

3分钟任务

自制黏土模型

你需要：1杯面粉、半杯盐、几滴油、半杯水和食用色素

注意：不要把食用色素弄到衣服上！

把原料混合在一起。如果太稀，就多加点儿面粉；如果太干，多加点儿油或者水。分成小块，加入食用色素。现在开始创作吧！

达·芬奇花了很多年的时间来设计这匹马。终于做成了一个黏土雕塑，最后却没保存下来

制作雕塑用的铜因为战争原因被用来造大炮

雕塑最终也没有完成

为了惹怒米兰公爵，法国军队最终捣毁了黏土模型

法国弓箭手把雕塑当靶子练习瞄准

达·芬奇和米开朗琪罗

30秒大揭秘

因为艺术家们需要赞助人来支持，所以佛罗伦萨和米兰这样的城市吸引了很多远道而来的画家和雕塑家。众星在这些城市云集，创作出了文艺复兴时期很多有名的作品。但是，这也意味着艺术家之间的竞争十分激烈。达·芬奇和年轻的米开朗琪罗就在其中。

米开朗琪罗比达·芬奇年轻23岁，生于1475年。他在20多岁的时候就已经成为声名远扬的雕塑家和画家。他不惧竞争，哪怕是面对更有名望的前辈达·芬奇。据说，米开朗琪罗嘲笑达·芬奇的骏马雕塑没有完成，这让达·芬奇听了很不愉快。

达·芬奇没有重视米开朗琪罗这个自命不凡的年轻人。他觉得米开朗琪罗的人物雕塑的肌肉过于鲜明。尽管有很多不同，他们最后却一起合作了一段时间。从1503年到1504年，他们被委托在佛罗伦萨议会大厅的两面相对的墙壁上绘制战争场面。也许是因为两个人的创作地点太近了，他们都没完成这项工作。

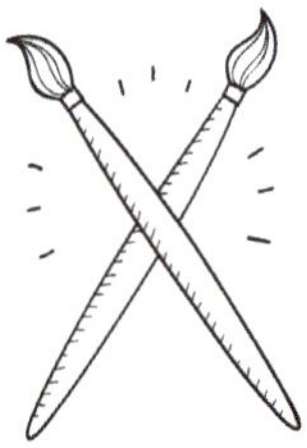

3秒钟总结

达·芬奇和米开朗琪罗是一对尖锐的劲敌。

3分钟任务

你觉得呢？

去网上找找达·芬奇和米开朗琪罗的作品，看看他们最著名的雕塑和画作。你觉得谁更厉害呢？

作为意大利两位杰出的艺术家，达·芬奇和米开朗琪罗总是针锋相对
达·芬奇不喜欢米开朗琪罗的人物塑像（出于嫉妒？）
米开朗琪罗嘲笑达·芬奇雕塑失败
米开朗琪罗认为他被达·芬奇捉弄了，所以就辱骂了他，然后愤然离开
达·芬奇在公众面前让米开朗琪罗解释但丁的一句诗

发明家

达·芬奇热爱发明！他是一个天资聪颖的工程师，设计了飞行器、乐器、自力推进车、机器人和军事机械。虽然他的大部分设计并没有付诸实践，我们却可以通过他的笔记了解到他的想法。他的很多创意领先时代几百年，虽然他的设计尚有缺陷，但有的设计后人真的可以造出来。

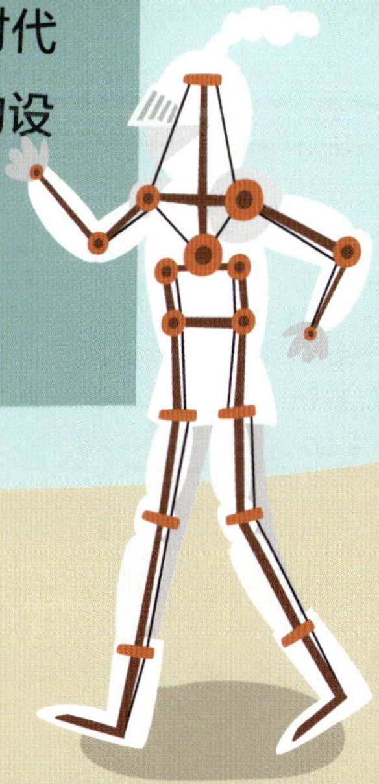

军事机械

30秒大揭秘

由于各王国和各共和国之间在权力和领土上发生冲突，达·芬奇发明军事机械来帮助富有的客户增强其国防。

达·芬奇通过一个简单的小技巧，让他的设计得到人们注意——他把它们造得尽可能的大。他的十字弓不像其他的弓那样用手持，而是巨大无比——大约20米宽，必须用轮子才能移动。弓弦则需要一个人用力握紧手柄。这张十字弓可以像弹弓一样发射石头。

达·芬奇设计了可以发射多枚炮弹的大炮，每颗炮弹可以单独引爆。他还设计了多炮管大炮。不仅如此，我们还发现了掩体攻城梯的设计图纸，这些梯子可以通过轮子运到城墙前，保护进攻的士兵免受自上而下的箭雨伤害；还有装备旋转刀片的马车，用以砍倒敌军。

他还发明了携带着大量武器的装甲车，可以向任意方向移动。

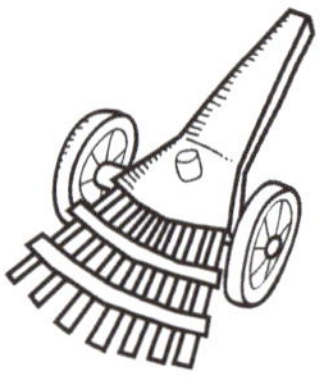

3秒钟总结

达·芬奇为富有的客户设计军事机械。

小知识

达·芬奇的错误是有意为之？

有人说，达·芬奇的军事机械设计图之所以有错误，是为了让这些军事机械不被造出来并投入使用。的确，有些错误实在是过于明显，达·芬奇不会没发现。他曾称战争为“兽性的狂欢”，由此有人认为达·芬奇是反战主义者。

坦克是达·芬奇众多著名设计之一，虽然它尚有缺陷，但在那个时代还是完全领先的

车轮上的奇迹

30秒大揭秘

文艺复兴时期，世界主要依靠畜力。如果你想尽快抵达某地，你应该骑马；如果你要运输沉重的货物，你需要一个车厢搭配一匹马或一头牛。这对于发明爱好者达·芬奇而言就是一个完美的挑战：该怎么改进运输工具呢？他想了很多办法，其中一项设计就很像我们今天的汽车！

达·芬奇的“汽车”是自力推进车。他一直没有造出成品，直到他去世500年后，后人决定按照达·芬奇的草图来制造。神奇的是，居然成功了。

达·芬奇的自力推进车的动力来自两个螺旋弹簧，当弹簧舒展开时，车就被推动了——这个原理有点儿像发条玩具。这个车子只能短距离前行，虽然可以驾驶，但它前进的方向必须提前摆好。不过，紧急情况下，还有一个刹车以防万一。

虽然达·芬奇没有发明出来像当代汽车这么复杂的装置，但他却在创意上向前跨了一大步，打破了人们的思维定式——交通工具必须被畜力、人力或者自然力量驱动。直到数百年之后才有人跟上了他的脚步。

3秒钟总结

达·芬奇先于汽车发明几百年就设计了自力推进车。

3分钟任务

自制自力推进车

你需要：棉线轴、橡皮筋、鸡尾酒棒、胶带和铅笔

把橡皮筋穿过棉线轴，把一端系在鸡尾酒棒上，这样它就能靠在卷轴上了，再用胶带固定住。把铅笔绑在橡皮筋的另一端，保证橡皮筋两侧的铅笔与鸡尾酒棒的长度比为3:1。确保橡皮筋不太松。现在转动铅笔，让你的车轮开始滚动吧！

达·芬奇早于后人几百年发明了机械动力

简易马车已经被人们使用了几千年

达·芬奇的车是自力推动的

他发明的车，可以靠自身动力朝设立的方向前进，也可以刹车

卡尔-本茨在1885年发明了第一辆汽车

飞上天空

30秒大揭秘

达·芬奇对于飞行也十分着迷。他研究鸟类如何利用气流飞翔，并进行了领先时代的科学观察。不过，他最感兴趣的还是如何让人飞上天空。为此，他设计了很多方案。

他画出了直升机草图。这个直升机的构想依据的是当时被广泛使用的阿基米德螺旋抽水机。达·芬奇选对了螺旋桨的角度，根据这个角度设计的螺旋桨可以提供足够的升力，将直升机拉到空中。但令他不快的是，他不知道这个螺旋桨应该怎么被发动起来。

飞上天的东西总要落回来（注：地球重力作用的原因）。为了预防紧急情况，达·芬奇还设计了降落伞。这是一项真正被实现了的发明。在2000年的时候，一名志愿者背着按照草图复制的降落伞，从3 000米的高空跳下，毫发无伤。

3分钟任务

自制直升机

你需要：长条状的纸和曲别针

把纸对折，变为原来长度一半。将曲别针夹在折叠的一端。把没被夹着的一端的一条折向右边，另一条折向左边，形成“T”字形。然后把它扔到空中，它就像直升机的翅膀一样旋转下落。

3秒钟总结

达·芬奇关于飞行器的想法领先于时代。

达·芬奇关于飞行器的构想来自科学观察

直升机的创意来自阿基米德螺旋抽水机

降落伞由亚麻布和木杆支撑

达·芬奇大部分飞行器的构想都收录在他的《大西洋手稿》中，这是一套12卷的笔记和素描

自动机

30秒大揭秘

达·芬奇对于机械运动的想法远远不只在交通领域。如果你认为机器人是现代人的发明，那你就错了。达·芬奇当时就设计并制成了可以移动的机械模型。显而易见，这些模型在当时引起了很大的骚动，并引起了法国国王弗朗索瓦的注意，甚至还邀请达·芬奇为他工作。

自动机，就是能自己行动的模型。有记载称达·芬奇至少制造了三个可以动的狮子模型。他的第一个模型制造于1509年左右，这个狮子模型可以后脚站立起来。他的第二个模型，制造于1515年左右，更引人注目。它可以行走、摇尾巴，把头从一侧转向另一侧，还可以张开嘴。当弗朗索瓦国王被邀请用剑触碰狮子的时候，狮子的身体打开，露出新鲜的百合花，象征法国王室。难怪国王对此非常满意。

狮子的内部是齿轮、滑轮和一个钟摆。达·芬奇的发明再一次超越了时代。虽然今天我们只能在他的笔记里了解他的狮子，但是现代人造的复制品证明了他的狮子是可以动的。

3秒钟总结

达·芬奇的自动机得到了广泛称赞，甚至还得到一份来自异国的工作。

小知识

弗朗索瓦一世

国王弗朗索瓦一世是达·芬奇最后的赞助人。1516年，达·芬奇的天才给他留下了深刻的印象，他邀请达·芬奇来法国为他工作。直到1519年去世之前，达·芬奇一直担任国王的画家、工程师和建筑师。达·芬奇带给法国的不仅仅是他的才华，还有他的《蒙娜丽莎》。这就是为什么《蒙娜丽莎》悬挂在法国的画廊，而非意大利。

达·芬奇精妙的自动机震撼了每一个看到它的人

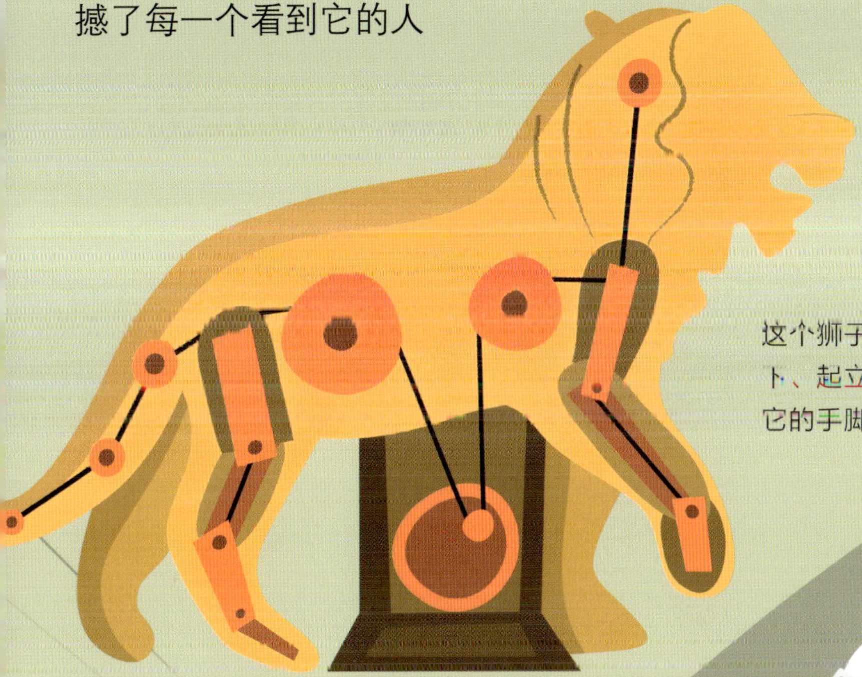

这个狮子可以坐下、起立，挪动它的手脚和头部

狮子所有的活动部分都在体内

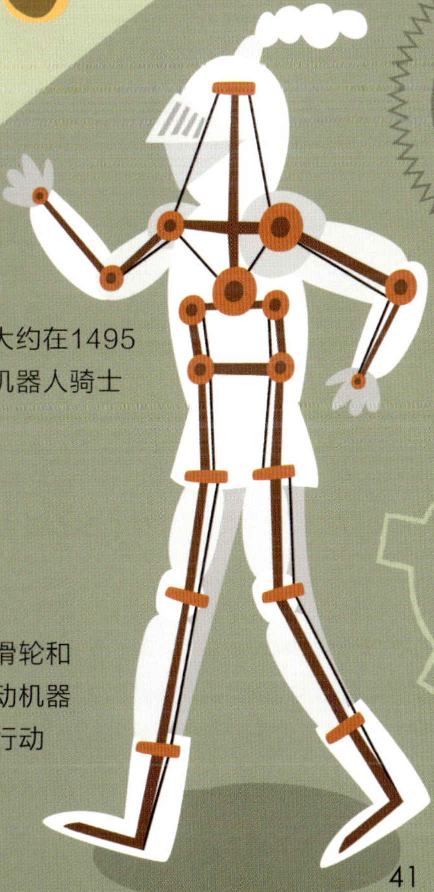

达·芬奇大约在1495年制造了机器人骑士

1996年，这个骑士被成功重建

一系列滑轮和齿轮带动机器人骑士行动

乐器发明

30秒大揭秘

意大利艺术家和历史学家乔尔乔·瓦萨里给达·芬奇写了一本传记，书里写到达·芬奇是一个天赋异禀的乐手，可以演奏所有弦乐器。据我们所知，达·芬奇至少可以演奏里拉琴（一种形似七弦小提琴的乐器）。我们猜测，达·芬奇是在他的老师韦罗基奥那里学习的乐器，因为韦罗基奥有一把形似吉他的鲁特琴。还有人说，达·芬奇发明了小提琴。但是没有人能证实这一点。

达·芬奇不仅演奏乐器，他还制造乐器。他曾为米兰公爵卢多维科·斯福尔扎制造过一把七弦竖琴。这把精妙绝伦的竖琴呈马头形状，而且是纯银的。当然，这把琴比一般的七弦竖琴好听很多。毫无疑问，公爵十分喜欢这个礼物。

达·芬奇还把弦乐和键盘组合在了一起，设计了“提琴管风琴”。虽然达·芬奇没有真正做出来，但是这个设计被其他人付诸实施，并且成功了。

3秒钟总结

达·芬奇演奏、制作、发明乐器。

3分钟任务

自制乐器

你需要：不同粗细的橡皮筋、带盖小纸盒、剪刀和笔

把小纸盒的盖子拿掉放在一边。把橡皮筋绷紧缠绕在盒子上。用手指拨动橡皮筋，听听它们发出的不同的声音。在拿掉的盖子上剪一个洞，盖在盒子上，像吉他一样。现在把笔穿过橡皮筋下方。再听听，声音有没有不一样?

达·芬奇不仅是一个天才乐手，他还发明了很多乐器

提琴管风琴是一个可以在行进时使用的键盘乐器

这个乐器被推动时，轮子带动杠杆击打鼓面

这个马头形状的七弦竖琴让米兰公爵十分满意

达·芬奇演奏像小提琴一样的鲁特琴

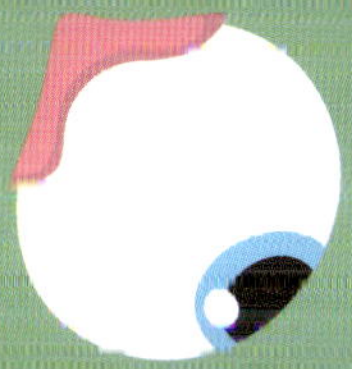

解剖学家

文艺复兴时期没有扫描仪和X光片，当时的人们对人体内部构造并不了解。达·芬奇用详细的笔触向人们展现了人体内部的结构（即使这意味着解剖尸体）。达·芬奇还在笔记中写下了他认为的人体运行方式。虽然并不完美，但大部分内容都是正确的。

完美比例

30秒大揭秘

从学徒时代达·芬奇就开始研究如何才能把人体的各部分画得合乎比例。胳膊不能看起来太长，头不能太大或者太小，等等。文艺复兴时期，人们对于比例的看法依赖数学、科学和艺术。达·芬奇对此非常着迷。

文艺复兴时的艺术家们，包括达·芬奇，都会去学习古罗马作者马库斯·维特鲁威的作品，他的作品包括建筑学和人体的黄金比例。达·芬奇在画人体草图时，就应用了他的理论。达·芬奇的作品《维特鲁威人》描绘的是一个伸展开四肢的人，它向我们展示了人体比例与正方形及圆形的关系。

有趣的是，艺术家有时故意把人物比例画得失衡。在达·芬奇的著名画作《抱银鼠的女人》中，画中女人的手就出奇地大。不过，没有人知道达·芬奇是故意画成这样，还是出了差错。

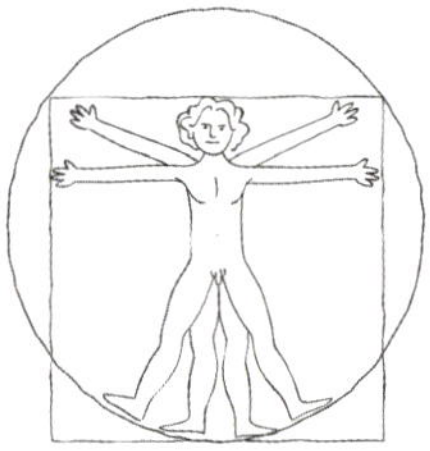

3秒钟总结

达·芬奇认为数学规则决定了身体的理想比例。

3分钟任务

你的身材比例怎么样?

你需要：平地（比如人行道或者车道）、粉笔、助手、绳子和长木棍

躺在地上，双腿伸直，双臂伸向身体两侧，让你的助手用粉笔沿着你的身体画下形状。现在站起来，用木棍在形状周围拼一个正方形。然后把粉笔系在绳子上。绳子的一端在你的轮廓图的肚脐上固定住，另一端从脚的位置开始，画一个圆圈。再次躺下，将你的手臂和腿伸展成星形，试着触碰圆圈的边缘，并让你的助手画出这个形状。你的身材比例和《维特鲁威人》相比怎么样?

达·芬奇按照古罗马作者马库斯·维特鲁威的精确比例刻画人物

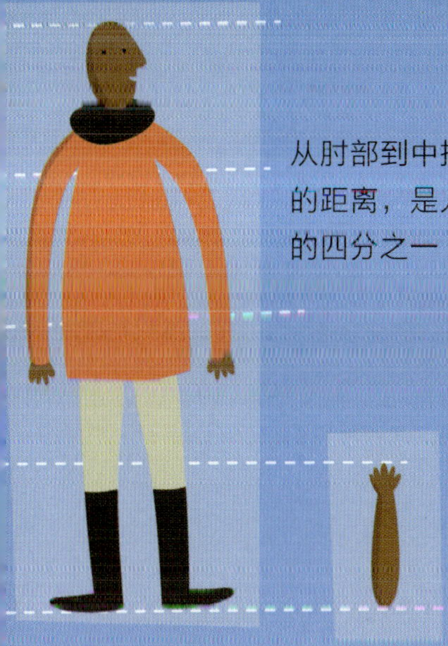

从肘部到中指指尖的距离，是人身高的四分之一

手的长度是个人身高的十分之一

耳朵从眉毛的高度开始，在鼻尖处结束

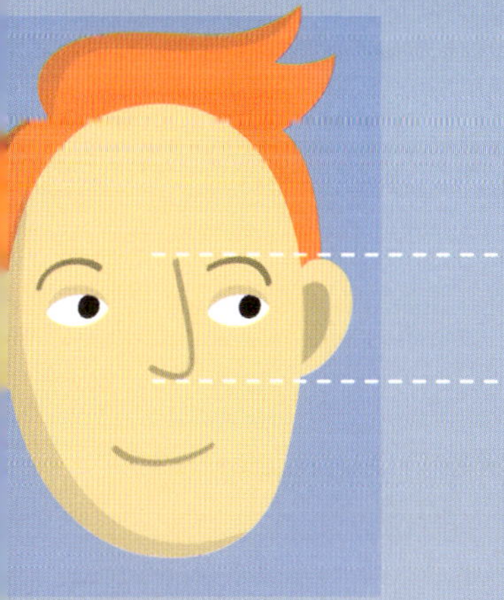

一个人伸出的双臂的宽度与他的身高相等

描绘面部

30秒大揭秘

达·芬奇被人类的面孔牢牢吸引。他告诉学生在他们外出时随身携带一个笔记本，这样他们就可以随时记录周围人的运动形态以及面部表情。他自己就经常这样做；他的笔记本上画满了人物草图，尤其是人物头像。

在达·芬奇的书中，有一些人物头像是其他画作的预备草图，还有一些是吸引他目光的人的素描。那些面部特征被夸大的画像被我们称为漫画。在一些漫画中，达·芬奇描绘了患有疾病的人。在观察达·芬奇的一幅漫画后，医生们声称他们能分辨出其中每个角色所患的疾病。

有时达·芬奇用艺术来报复人们。例如，在他的《最后的晚餐》中，犹大是模仿他的前雇主、修道院院长的脸绘制的。达·芬奇受够了院长频繁的催促，所以他用了修道院院长的脸作为背叛耶稣的人的模板！

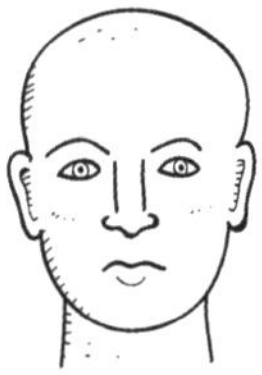

3秒钟总结

达·芬奇通过绘制大量人物头像草图，来完善他的艺术作品。

3分钟任务

自制漫画头像

试着画一个朋友的漫画头像。首先，夸大面部特征。如果他有一双大眼睛，那么你画的眼睛就要更大；如果他有一个小鼻子，那么在漫画里它就会变得非常非常小。再看看他们脑袋的形状——还有什么想法吗？重点在于，不要过于夸张，否则就看不出画的是谁了。

达·芬奇喜欢画奇形怪状的肖像和漫画头像，有些草图就是根据有疾病的人绘制的

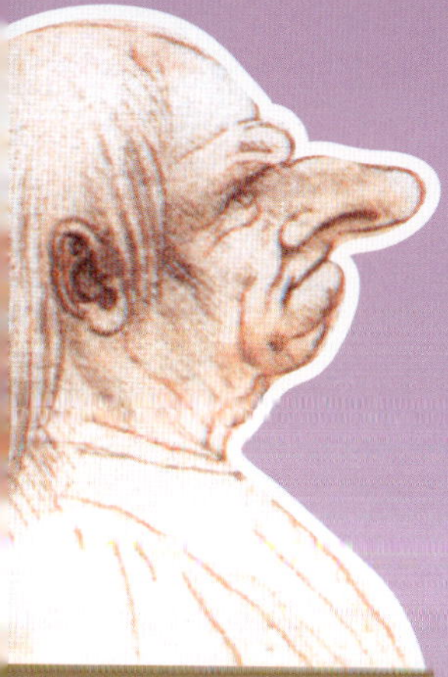

这个男人的鼻子和脸完全不成比例

这个女人有特别突出的下巴和整齐且精致的发型

这个人有一个“鹰钩鼻”，直且薄，还有突出的鼻梁骨

这幅奇形怪状的漫画表现出骨骼疾病的迹象

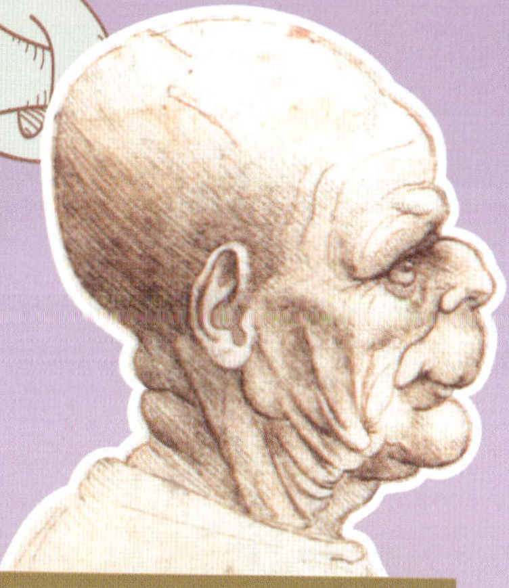

这个人突出的头骨表现出异常生长迹象

精准解剖

30秒大揭秘

达·芬奇作品中的人物之所以看起来十分真实，很大一部分原因是他了解人体构造的方式。对科学的好奇心和热爱，促使他去探索身体的每一部分是如何工作的，不仅是从外部观察，更重要的是研究内部机理。

当然，在达·芬奇时代，拍摄X光片这样的技术还没有被发明。为了弄清楚人体内部发生了什么，他不得不采用验尸的方法。验尸，是将一个尸体切开，进行细致的研究，对其死因进行调查。在当时，这是一种被人质疑的行为，只允许在医院或医学院开展。达·芬奇不仅观看解剖，还亲自操刀实验。

虽然验尸听起来很可怕，但达·芬奇却将它用于重要的研究。他把他看到的一切都画了出来，还想过发表他的成果。正如他的许多作品一样，他在解剖学方面的工作从来没有完成，也没有发表过。不过，他的草图显示出，他对于肌腱、肌肉、血管、关节和器官在人体内工作的方式的认知是正确的。达·芬奇在这方面的认识远超于时代。

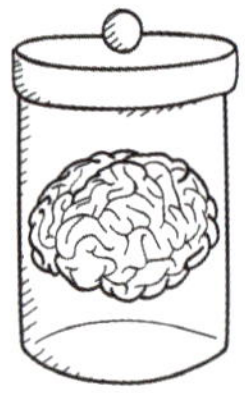

3秒钟总结

达·芬奇的人体解剖图是精确和具有开拓性的。

小知识

解剖！

达·芬奇说他一生中解剖了30多具尸体。他是从哪里得到尸体的呢？那些尸体通常是死于疾病的穷人或被处决的罪犯。他们大部分是男性。虽然达·芬奇也研究了一些女性，但他观察女性尸体的机会比较少，所以他对女性的研究并没有那么准确。

达·芬奇在医学院对解剖的人体进行素描

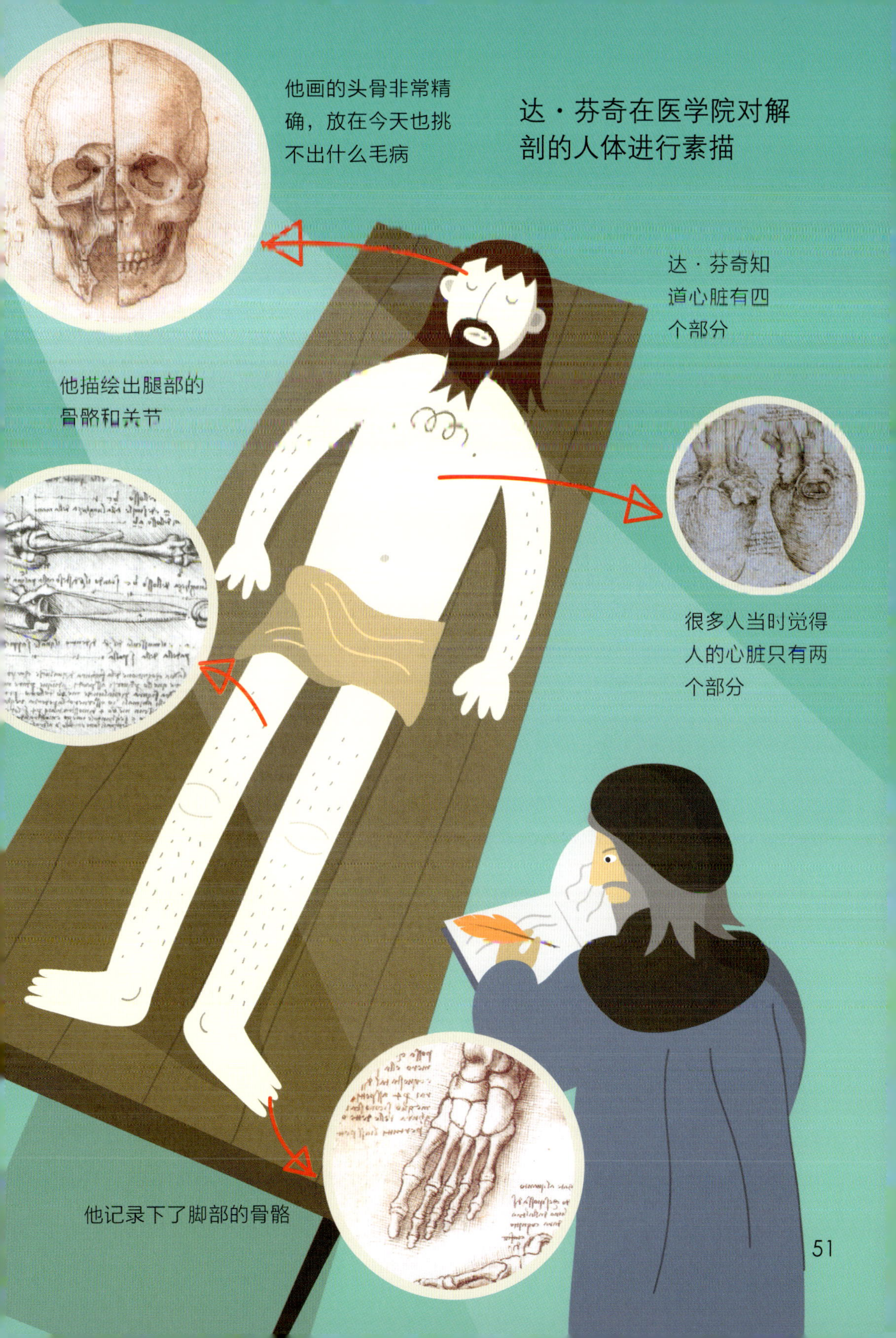

研究眼睛

30秒大揭秘

达·芬奇写道："眼睛拥抱了整个世界的美丽。"如果你仔细观察，你会看到自然界的奇迹。不过，达·芬奇也沉迷于研究人们如何看见世界，我们眼睛内部是如何运作的。

达·芬奇在研究眼睛上取得了重大进展，不过，他的方法你可能不太喜欢——他把人的眼睛从尸体上切下来。不过，他并没有把视觉成像的每个步骤都理解对。比如说，他认为晶状体（控制视线集中的部分）是圆形而不是椭圆形的。他错误的原因可能是，我们眼睛里充满一种果冻状的物质，当眼睛被切开时就会溢出来，这样研究眼部细节就会变得比较困难。达·芬奇曾写过如何解决这个问题，但他很可能从来没有尝试着把这些想法付诸实践。

达·芬奇意识到，图像通过瞳孔后会被倒置，像针孔照相机一样。但他误认为图像在到达大脑之前，会再次被眼睛翻转过来。许久以后人们才发现，是大脑而非眼睛，把图像转换成正确的方向！

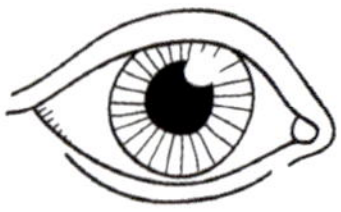

3秒钟总结

达·芬奇对于视觉成像的认识超过了他之前的所有人。

3分钟任务

如何自制针孔照相机

你需要：一个鞋盒、一把剪刀、一把螺丝刀和一张蜡纸

在盒子的一端剪一个大的方孔，然后盖上蜡纸。在盒子的另一端，用螺丝刀戳一个小圆孔。把这个孔对准你要观察的物体，你就会看到它倒过来反射在蜡纸上。现在把一块布盖在头上，这样能更清楚地看到图像。把盒子的内部涂黑也有助于使图像更清晰。

达·芬奇对于视觉成像过程的认识只对了一半

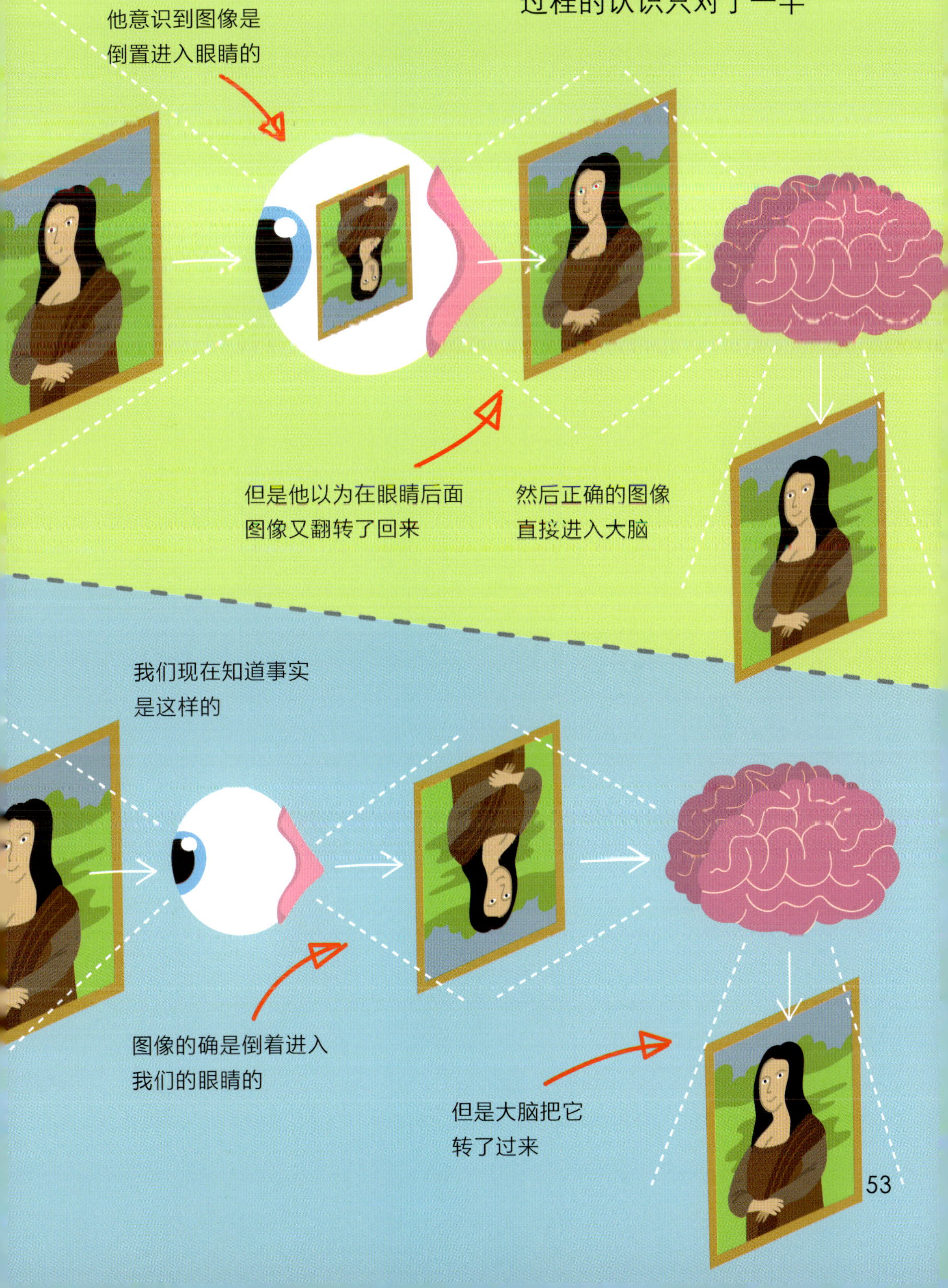

是科学家，也是数学家

达·芬奇为科学而着迷，用数学探索他周围的世界：从研究植物叶子的生长方式，到月球发光的原理。他也在艺术作品里运用数学知识，用几何学和透视法来绘制人物和建筑物。不断的科学研究让他不由得思索，世界历史是不是比我们想象的要悠久很多？这个想法在当时可以说是十分激进的了。

宇宙观

30秒大揭秘

达·芬奇生活的那个年代，人们对于宇宙有很多不一样的观点。比如，有人说地球是太阳系的中心。平心而论，那时的人们毕竟缺少探索夜空的设备和条件，但是达·芬奇却研究出了更合理的宇宙观。

人们一直认为月球是自己发光的，但达·芬奇认为月球其实是从太阳那里反射光线的（他说对了！）。不过，他说的不完全正确；达·芬奇认为，月球表面都是水，而太阳光是从水面反射出来的。

那时人们认为太阳并不热，因为它和火焰的颜色不一样。但达·芬奇知道太阳是热的，他在笔记本里把太阳比作青铜在熔炉中熔化时，最热状态下的颜色。他也正确地猜测到太阳的能量产于其自身。

有些人甚至认为，达·芬奇在他的笔记本里设计了有史以来第一个望远镜。试想一下，如果他真的造出了望远镜，他会有多少发现啊！

3分钟任务

小测验

以下关于达·芬奇的描绘中哪些是对的？哪些是错的？

1. 他认为月球表面有大气层。
2. 他知道月球不能自己发光。
3. 他相信地球绕着太阳转。
4. 他发明了望远镜来观察星空。
5. 他在笔记本里画了月球的草图。

（答案在第78页）

3秒钟总结

达·芬奇解决了宇宙中的一些谜团。

达·芬奇通过数学计算和细致观察，解决了一个谜题：月球自己能发光吗？

新月的背阳面有时会在日落或日出的时候微微闪耀

太阳光射向地球，再从地球反射到月球的背阳面，这个现象被我们称作地球反照

地球反照光要经过两次反射：第一次从地球表面到月球，第二次从月球表面再反射回来

光线和阴影

30秒大揭秘

达·芬奇对光与影的理解深深影响了他的艺术作品。平日里，他十分关注光线如何影响物体的色彩，并将观察的结果体现在画作中，这也是他的作品与其他人的作品不同的原因之一。

达·芬奇发现，颜色在不同的光线下看起来是不同的。这对他的作品有很大影响。如果一个物体在明亮的光线下，那么它的颜色就会看起来耀眼生动；如果光线不那么强烈，它的颜色就显得柔和。达·芬奇注意到，在明亮的光线下，有些强烈的颜色可能会把它们的一部分颜色反射到附近的物体上。他在画中重点刻画了这些效果。

正如光有不同的强度，阴影也一样。达·芬奇素描了许多物体及其投射的阴影，重点展现阴影是如何被光线的强弱和方向影响的。然后，他把他的发现应用到画作里，使他的画看起来更真实。他会根据艺术品中物体与光线的关系，改变阴影的深浅。

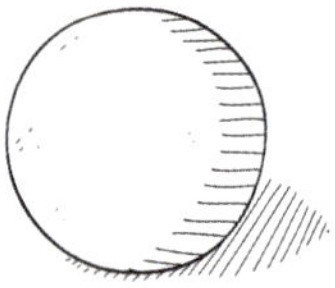

3秒钟总结

达·芬奇研究光线是如何影响物体的颜色和阴影的，并将他的发现应用到画作里。

3分钟任务

消失的硬币

你需要：硬币和玻璃杯

把硬币放在玻璃杯的底部。一边向杯中加水，一边透过玻璃看着硬币。硬币好像消失了！这是因为，光线从空气中穿过玻璃和水，形成了折射。如果你从玻璃杯的上方看下去，你会发现硬币还在它原来的位置。

达·芬奇对光与影的精确掌控，使他的画作看起来非常真实

他知道，光线的强弱会影响到物体的颜色

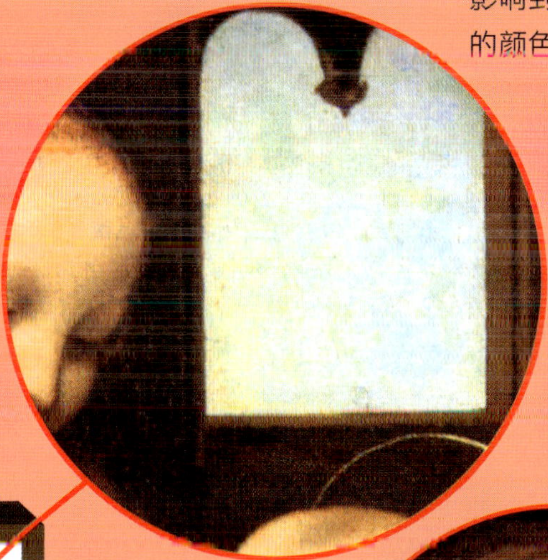

他用同 种颜色的不同色调来展现光线的强度

眼角和嘴角模糊的阴影会让人物的脸看起来更加真实

最后，他在颜色中添加浅色高光

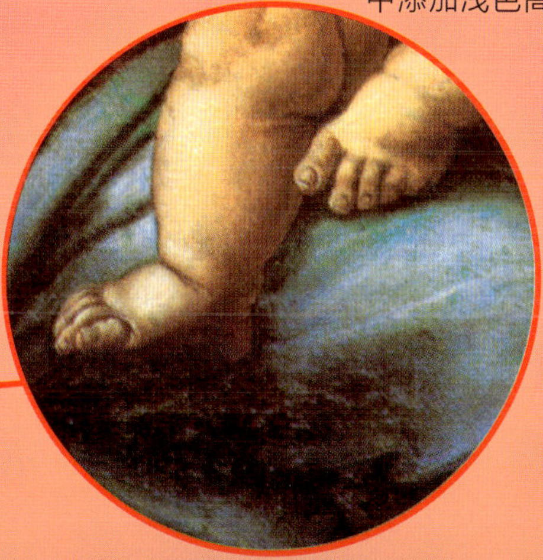

自然研究

30秒大揭秘

米兰——这个达·芬奇生活了多年的地方，地处阿尔卑斯山附近。因此，达·芬奇花了很多时间漫步在这片山区中，研究岩石的形成和画风景素描。然后，他在作品中应用这些在自然界所看到的东西。

像《最后的晚餐》或《岩间圣母》这样的画作，背景都在基督教圣地（今以色列）。达·芬奇没有描绘圣地的山或植被，取而代之的是他在米兰和佛罗伦萨周围的乡村漫步时所看到的景色。达·芬奇没有把那些景色原样呈现，而是根据他的素描进行想象和创作。

达·芬奇做笔记不仅是为了积攒灵感。他还对几个世纪以来的景观形成产生了浓厚的兴趣。他研究了地表形态如何随着时间推移而被侵蚀，以及流水如何在坚硬的岩石上切出通道。这让他相信，这个世界比人们想象的要古老得多。当然，他是对的！

3秒钟总结

达·芬奇对于地理地质的了解，让他画作的背景十分真实。

小知识

层层叠叠的历史

达·芬奇所研究的岩石是地质学家们所说的沉积岩。沉积岩是由河流或海洋底部的沉积物（土壤和矿物），在其自身的重量下缓慢地积聚和变硬而形成的。

达·芬奇发现沉积岩的每一层都是在不同时期形成的，最古老的那一层就在最底部。

达·芬奇研究和考察当地地貌，并用在他的画作里

他惊讶于为什么会在山顶上找到海洋生物的化石

他思考地貌是如何在历史长河里变迁的

他通过实验探究河水的速度和流量

植物形态

30秒大揭秘

达·芬奇花了很多时间写生和研究植物。他的努力得到了应有的回报：他画作中的植物，哪怕仅仅是象征符号，都是如此精确，以至于我们今天仍然能够认出它们。然而，达·芬奇不仅仅是在练习如何画植物，他同时也在进行科学研究。

达·芬奇把他的许多兴趣应用到作画技巧里，创造了栩栩如生的艺术。他利用光的知识展示叶子在不同光线下的不同形态，以及观察距离的远近对于叶子形态的影响。他具体描述了叶子之间的间隙是如何随着观察距离的增加而逐渐消失的。

达·芬奇还试图将数学规则用于总结植物的生长规律。他认为树干的高度等于树冠的宽度。事实证明，这并不总是正确的；但是，当科学家们测试这一理论时，他们发现，达·芬奇的理想型树木在受到强风的冲击时，比非理想型树木要稳固得多。

3秒钟总结

达·芬奇用艺术家和科学家的眼光研究植物。

3分钟任务

发现植物

观察四种不同植物的叶子，将它们画出来或者用木炭拓印。像达·芬奇一样，仔细检查树叶。你能看到什么图案？你能看到叶子或花瓣生长形成的对称线和螺旋形状吗？

达·芬奇用科学的眼光看待植物，他认为植物的生长是有数学依据的

树干的高度与树冠宽度相等的树，能更好地承受风力

达·芬奇知道叶子和花瓣都是依据同一个数学规律生长的

几何图案

30秒大揭秘

在一般人看来，数学与艺术似乎是完全相反的两门学科，但达·芬奇并不这样认为。在他40岁出头的时候，十分痴迷于数学，特别是透视和几何学。他喜欢不断提高自己对问题的理解力，并将自己的知识融入创作中——例如，《蒙娜丽莎》中人物的脸是基于三角形和平行线的排列而形成的。

有些人认为，达·芬奇的笔记中包含了早期的分形。分形是复杂的、反复的，并在理论上可以永远持续下去的图案。达·芬奇画过这样的图案，比如不断延展的透明三维立方体。这是相当难以构思的画，但远不如他创造的几何形状复杂，比如四面体。

绳结是达·芬奇感兴趣的另一个数学分支。达·芬奇绘制它们的素描，甚至为米兰公爵画了这样的一幅画。这并不简单：画中的树枝被一根绳子缠绕并覆盖了整个天花板。这是数学美和自然美的结合，典型的达·芬奇式行为。

3秒钟总结

达·芬奇痴迷于透视和几何。

3分钟任务

视觉错觉

有时候，你的眼睛会欺骗你，而达·芬奇恰恰喜欢玩弄视觉错觉。你也来试试看！

画两条相同长度的平行线。在第一条的两端，画出指向外的箭头形状。在第二条的两端，画出指向内的箭头，箭头的点触到末端。这样看起来，第一条线比第二条线长。

达·芬奇在他的画作里应用数学中的几何学知识

这个设计展示了他对于绳结，以及（我们现在称之为）拓扑学的喜爱

他对于几何的熟练掌握，使得他可以创造出非常复杂的三维立体图案

他用数学模型来勾画人脸和身体

远见卓识

对于达·芬奇而言，世界是一个充满了各种谜题的地方，而这些谜题迫切需要他解开。在他观察自己所居住的环境时，这一点尤其明显。他发现拥挤的城市中疾病泛滥，于是他设计了宽敞且通风的城市；河流阻碍了人们的移动和发展，所以他设计了可以在任何地方建造的桥梁。城镇和乡村都可以变得更有秩序，而他是使这一切成为可能的人。

建筑和城市规划

30秒大揭秘

文艺复兴时期，欧洲的城镇布局杂乱无章。狭窄的街道挤满了行人和马车，垃圾堆积如山。人挤人、人挨人，疾病迅速传播。达·芬奇为了让城市变得秩序井然、赏心悦目，决心进行规划。

达·芬奇规划了一种别致的二层楼房，这种建筑第一层是商店，第二层是住房。这并不是一个新鲜事物——古罗马人早在1 000年前就已经这样做了——但达·芬奇的设计优雅而精致。他还规划了教堂，使它们既典雅，又具有数学的美感，充满和谐的对称和几何形状。达·芬奇也把他的才华用在设计堡垒上，用圆形的塔和倾斜的墙来防御炮弹。

达·芬奇规划了他理想中的城市。他意识到良好的卫生条件是健康城市的关键：运河用于运输和清除垃圾；城市内部有大面积的开放空间，宽阔的街道和两层的道路系统（第一层给马车和动物，顶层保留给绅士和女士们）；清洁的空气通过风车系统在街道上流通。

3秒钟总结

达·芬奇设计建筑、规划城市。

小知识

建设性思考

达·芬奇对他的建筑应该如何被建造进行了仔细的思考。他在日记里展示用于建造楼梯或拱门的脚手架的草图。画出漂亮的建筑很容易，但实际建造却是另一回事。达·芬奇从来没有这样做过，不过我们都知道，达·芬奇能够想出克服任何问题的方法。

达·芬奇从古代建筑中获得灵感，进行城市规划

城市中的广场是人们聚集的地方，开阔的空间帮助空气流通

不同的街道有不同的用处，可以防止各种交通工具混在一起，造成堵塞

达·芬奇设计的建筑美观性和实用性并存

建造桥梁

30秒大揭秘

除了我们之前提到的发明，达·芬奇也尝试过设计桥梁。他的草图展示了一系列不同的结构，设计风格从非常简单到非常宏伟。达·芬奇运用不同的技术和思维方式来解决实际问题。

达·芬奇尤其擅长设计那些容易组装、便于运输的轻便桥梁。这些临时桥梁巧妙地解决了行军过河的难题。他设计的最完美的桥梁却是最简单的那个：它仅仅是由几根刻有凹痕的木头制成，木头组合起来后，不需要别的支撑就可以形成桥梁。而且，桥上的重量越重，桥就越坚固，这简直是天才的设计！

达·芬奇还为米兰公爵设计了一个更加巧妙的临时桥梁。这座桥可以建在河岸的一侧，当完成后，人们用一套巧妙的绳索、滑轮和重物把它从岸边旋转到对岸。达·芬奇最宏伟的设计，是一座全长240米横跨伊斯坦布尔金角湾的大桥，不过并没有付诸实践。2001年，达·芬奇的这个设计在挪威被用来建造一座短一点儿的人行桥，并且成功了！

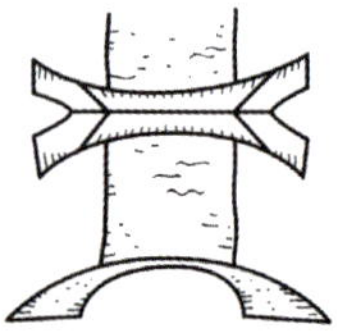

3秒钟总结

达·芬奇的桥梁设计富有独创性和实用性。

3分钟任务

桥梁承重

你需要：两张硬纸板、两本厚书和一些硬币

把两本书分开一小段距离摆放，然后把硬纸板放在上面。在桥塌之前，看看你能把多少枚硬币放在硬纸板上？现在把第二张硬纸板弯曲成拱形，放在桥下。现在这座桥能承受多少枚硬币？

达·芬奇设计了很多不同种类的桥梁

他的简易木头桥易于建造

旋转桥梁可以在河流的一侧控制收放，可以用来抵御敌军的攻击

不过，这座桥还没有被人建造出来过

达·芬奇为伊斯坦布尔的金角湾设计了一座大桥，可惜未实施

这座实用且美观的桥于2001年在挪威建成

水的力量

30秒大揭秘

达·芬奇对水十分着迷；他好奇水是如何运动的，又是如何被我们利用的。他一生都在研究河流。他进行了水流测量实验，了解了水如何穿石，沙石又如何沉积。达·芬奇利用这些知识，产生了很多创意，设计了很多机器。

达·芬奇很清楚，流动的水包含着能量，所以他致力于发展利用水能的机器。他设计了基于水力学原理工作的锯、用来制作铁棒的机器，以及水泵。他还绘制了潜艇和早期潜水服的草图。

达·芬奇宏大的设计之一——新运河，通过阿诺河将深居内陆的佛罗伦萨与大海连接起来，给这里带来更广的贸易、更大的权力和更多的财富。这个项目是从修建大运河开始的，但不巧一场洪水摧毁了所有已经完成的工作。

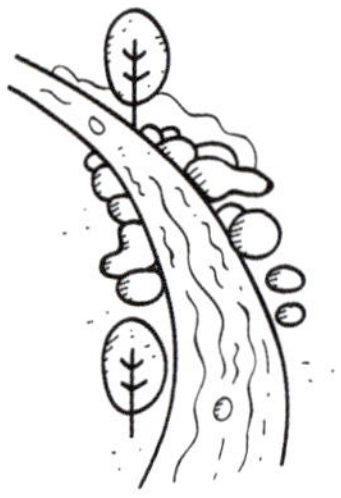

3秒钟总结

达·芬奇沉迷于研究水里蕴含的能量。

小知识

闸门

达·芬奇的一项发明我们至今还在使用。运河都有闸门，使得船只可以在不同深度的运河前行。达·芬奇发明了一种新型的闸门，利用水的力量就能将其关闭。这个设计非常成功且巧妙，我们现代的船闸仍然在使用它。

达·芬奇知道水的重要性。他设计了一些机器来利用水能

他发明了水泵来从地下取水

水很重，因此达·芬奇发明了机器来移动它

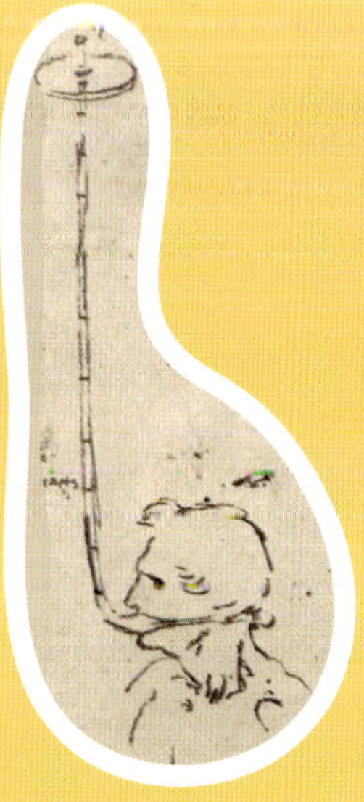

达·芬奇设计了这个皮质的潜水头盔

通气管连着水面上的浮子

他还设计了基本的呼吸装置，比如这个通气管

制作地图

30秒大揭秘

达·芬奇用他的解剖学知识绘制了人体，在16世纪早期，他又开始绘制自然地图。当然，地图在达·芬奇之前就已经存在了，但地图并不十分精确，这大部分都取决于规制地图的人对于乡村景象的主观感觉，而非客观实际。达·芬奇则采用了更精确的方法。

达·芬奇没有现代地图制图师所拥有的工具。不过，达·芬奇步行于乡间，仔细观察分析景观是如何形成的。他用脚步一步一步丈量土地，这使得他的地图非常准确。他甚至可能使用了他发明的一个仪器——基于古罗马模型的里程表来测量距离。

当恺撒·博尔吉亚征服了伊莫拉镇后，达·芬奇绘制的一幅当地地图让这位强大的领导人十分满意。尽管伊莫拉的地图当时已经存在，但它们与达·芬奇的这幅没有可比性，达·芬奇使用的是鸟瞰视角。恺撒意识到了地图在那个年代的真正价值，因为地图提供的信息可以成为战争中的额外优势。

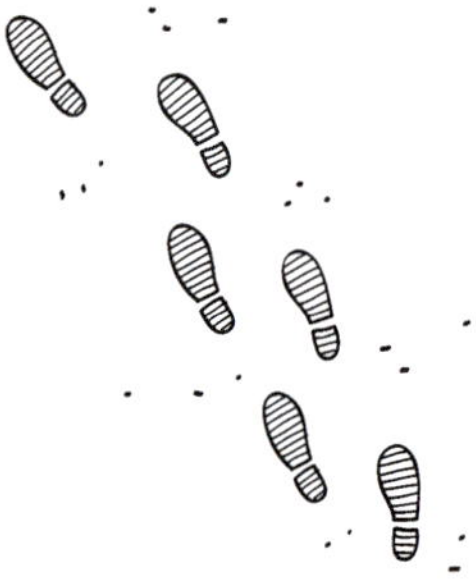

3分钟任务

制作地图

从一个小空间开始，尝试自己绘制地图。你的卧室就是很好的例子。你如何让你的地图与众不同？也许它可以包括一些关键照片，比如窗户等。

也可以尝试用黏土或硬纸板把它做成三维模型。你能做出它的特色来吗？

现在考虑一下制作街道或公园的地图吧。

3秒钟总结

达·芬奇的地图比当时任何人画的都要精确。

达·芬奇为了制作地图，进行了精确的测量和绘制，这使得他的地图比以往的地图更加精确

达·芬奇用他的地理学知识来展示山脉的形状

他的地图展示出河水和溪流是如何流入湖泊和海洋的

达·芬奇一步步测量。他有可能使用了他发明的一种仪器——里程表

有时候他甚至数自己走了多少步！

达·芬奇的影响力

30秒大揭秘

达·芬奇于1519年5月2日，在法国的克洛吕斯堡去世。据传记作者瓦萨里说，达·芬奇是在法国国王的怀里去世的。这样的待遇对一个出生于小镇、没受过良好教育、没有合法身份的意大利男孩来说并不坏。他出身卑微，但凭借非凡的才能认识了很多上流社会的人物。

在那个时代，达·芬奇向文艺复兴时期的世界展示了一种新的绘画方式。他有许多了不起的发明，例如他的自动机。人们都很欣赏他的发明。他绘制地图，并设计世界上从未有过的机械。他的天才得到了意大利许多富人的认可。这使他得以谋生，并有充足的时间研究自己的各种想法。

我们现代人因他遗留下来的作品少之又少而感到沮丧。现在留存的作品中，也很少公开出售了。他的一些画作（像《蒙娜丽莎》）都是无价之宝。人们仔细阅读他的笔记本，并重建他从未实现的设计，只是想要让他的成就多留在我们身边一点儿。

3秒钟总结

达·芬奇在文艺复兴时期就很受欢迎，现在亦是如此。

终身任务

成为达·芬奇那样的人！

观察你周围的世界，并记录下你的所见。让你的想象力自由驰骋，像达·芬奇一样设计梦想。你不再受限于纸和笔，想象一下达·芬奇会用电脑做什么！唤醒你内在的天赋，让天才的精神自由驰骋。世界需要一个新的达·芬奇，你想不想尝试一下呢？

达·芬奇500年之前就去世了，但他的精神依旧留存在我们身边

有人认为这是达·芬奇在60岁左右的自画像

也有人认为这可能是达·芬奇的父亲，但没人可以肯定

☆ 小问题答案 ☆

第56页：小测验

1. 他认为月球表面有大气层。正确
2. 他知道月球不能自己发光。 正确
3. 他相信地球绕着太阳转。 正确
4. 他发明了望远镜来观察星空。 错误
5. 他在笔记本里画了月球的草图。 正确